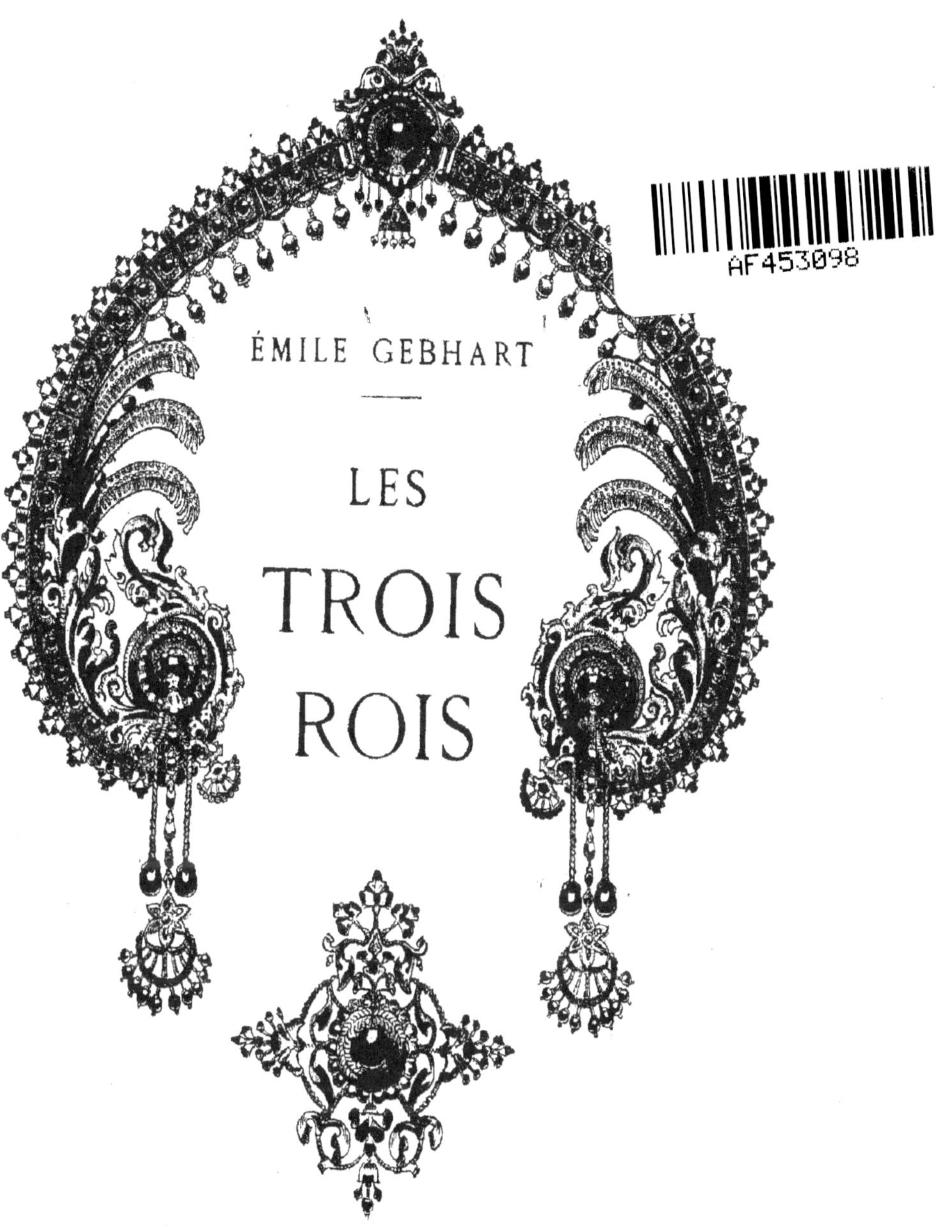

PARIS

LIBRAIRIE DES AMATEURS

A. FERROUD. — F. FERROUD, Successeur

127, Boulevard Saint-Germain, 127

1919

LES TROIS ROIS

CONTE D'ÉPIPHANIE

JUSTIFICATION DU TIRAGE

Nᵒˢ 1 à 25. — Exemplaires sur Japon ou vélin d'Arches, contenant trois états dont un état en noir. Ces vingt-cinq exemplaires sont ornés d'une aquarelle originale de l'illustrateur.

Nᵒˢ 26 à 80. — Exemplaires sur Japon ou vélin d'Arches, contenant trois états dont un état en noir.

Nᵒˢ 81 à 180. — Exemplaires sur Japon ou vélin d'Arches, contenant deux états dont un état en noir.

Nᵒˢ 181 à 1000. — Exemplaires sur vélin d'Arches, un état.

Nᵒ 133

J. F.

ÉMILE GEBHART

LES TROIS ROIS

CONTE D'ÉPIPHANIE

NOMBREUSES ILLUSTRATIONS EN COULEURS DE

SERGE DE SOLOMKO

PARIS

LIBRAIRIE DES AMATEURS

A. FERROUD. — F. FERROUD, Successeur

127, BOULEVARD SAINT-GERMAIN, 127

1919

LES TROIS ROIS

CONTE D'ÉPIPHANIE

'ÉTAIT dans la dernière année du règne d'Hérode le Grand, prince de Jérusalem, qui gouvernait les Juifs au nom de César Auguste, empereur des Romains. Un soir d'hiver, le long du rivage occidental de la mer Morte, deux cortèges étranges allaient lentement l'un vers l'autre, à la lueur d'une multitude de torches. En tête de celui qui venait du Nord, jouait une musique barbare, fifres stridents et tambourins de cuivre. Entouré de guerriers à la face plate et féroce, couleur de safran, à la barbe noire comme le jais, à la chevelure tordue en longues tresses, s'avançait, monté sur un cheval cuirassé de lames d'acier, une sorte de géant, plus jaune de figure et de mine plus inquiétante que le reste de sa bande; ses yeux noirs et durs exprimaient l'insolence de la domination; une énorme moustache noire retombait jusqu'à sa poitrine : coiffé d'acier, dans sa cotte de mailles d'acier, il étincelait d'une façon sinistre, tel qu'un dieu exterminateur, au-dessus d'une forêt de piques, de haches, de massues et de larges sabres recourbés, qui luisaient au feu rouge des torches, comme inondés d'une rosée san-

glante. Plus loin, à l'arrière-garde, une file
de mules chargées de tapis et de tentes
cheminaient pesamment, encouragées par
le cri rauque d'esclaves à demi nus; éclai-
rées par le flamboiement du cortège
royal, elles traînaient sur les grèves et les
eaux noires du lac maudit une vision
d'ombres monstrueuses. Mais le roi for-
midable ne voyait
autour de lui ni
les gardes

qui veillaient sur sa che-
vauchée mystérieuse, ni la mer impure,
unie comme le marbre d'une tombe, ni la

lande violette où rampaient des vapeurs livides, ni les montagnes ténébreuses dressées dans les profondeurs du désert; la tête tournée vers sa droite, il regardait d'un œil fixe, tout enfiévré de terreur religieuse, une grande étoile d'or qui penchait sur le couchant et glissait, solitaire, dans les replis de l'azur.

L'autre cortège, qui suivait la rive méridionale et sortait des steppes horribles de l'Arabie, était plus extraordinaire encore. La lumière vacillante des torches élevées par des esclaves au teint de bronze, revêtus de tuniques blanches, la tête couverte de voiles blancs, montrait une procession d'éléphants noirs drapés de pourpre, sur le dos desquels se pressait une foule d'hommes au visage pâle, aux yeux très doux, dont les robes de soie vermeille

ruisselaient de pierreries; des vieillards, le front ceint de bandelettes de laine blanche, dont la barbe descendait jusqu'à la ceinture, portaient des camails d'hermine où tremblaient des étincelles de diamants; des pages charmants tiraient de légères cithares aux cordes d'or des mélodies lentes, douloureuses, d'une suavité troublante; des ascètes, au corps décharné, au visage aride, aux yeux morts, psalmodiaient sourdement, sans s'arrêter jamais, des oraisons mélancoliques. Tout au milieu du cortège, là où la musique pleurait en accords plus tristes, où la prière était plus lugubre, marchait un éléphant co-

lossal, tout blanc, harnaché d'une tour
d'ivoire, sur la plate-forme de laquelle se
tenait, à demi couché, à demi noyé dans
la neige des fourrures précieuses, un jeune
homme d'une beauté merveilleuse, enve-
loppé d'hermine, couronné de rubis, et qui
semblait languir de lassitude mortelle. Et
tous ils allaient, bercés par les murmures
sacrés, avec une pose et un geste hiéra-
tiques, pareils à des idoles perdues dans le
crépuscule effrayant d'un temple ; attentifs
à leur seul rêve, ils ne voyaient ni la mon-
tagne, ni la mer, ni la lande désolée, ni la
nuit scintillante. Seul, le jeune roi suivait
du regard, avec une tendresse infinie, la
course de l'étoile d'or, de l'étoile solitaire
qui lui souriait du fond du ciel.

Les deux cortèges fantastiques n'étaient
plus maintenant qu'à une faible distance

l'un de l'autre. Tout à coup la carapace massive des éléphants fut secouée d'un frisson; ils agitèrent leurs trompes et lancèrent un barrit furieux, les fifres et les tambourins leur irritaient les oreilles, les faces jaunes et les corps vêtus d'acier, dans la fumée rouge, les épouvantaient. Le jeune roi, du haut de son trône, ordonna que l'on fît halte; le roi guerrier, d'un terrible coup de tam-tam, arrêta sa troupe; des deux côtés, on s'observa longuement, en un silence plein de menaces. Les rois échangèrent des ambassades. Chacun d'eux parut fort surpris par le récit que lui rapporta son propre légat. Une heure plus tard, à l'abri d'une tente de pourpre, accoudés à des coussins, près d'un brasero où les esclaves brûlaient les parfums les plus exquis de l'Asie, les deux voyageurs se contaient comment ils se trouvaient cette nuit-là sur les bords lamentables de la mer Morte.

« Je suis le plus malheureux des princes, dit le roi venu du Nord. Mon empire est si vaste que je n'en connais point les bornes vers la région où le soleil se couche. Partout ailleurs, ma puissance ne cesse qu'à la mer ou à des montagnes si prodigieuses que le pied de l'homme ne peut les franchir. Tous les peuples jaunes tremblent sous ma main.

Je possède des provinces où les fleurs sont toujours épanouies, les fruits toujours dorés, et des déserts dont le souvenir seul fait frémir; jamais la glace n'y fond, jamais la tempête ne s'y calme et pas une bête vivante ne s'y rencontre. Au cœur de mon royaume s'étend un vaste pays magique où pèse un brouillard éternel, où courent des fantômes et des démons dont la voix, plus plaisante à ouïr que le chant des jeunes filles, attire les hommes à des gouffres sans fond. J'ai aussi de beaux et larges fleuves, très commodes pour le transport des denrées, mais qui nourrissent des caïmans en trop grande abondance. Toutes ces misères qui ne font pâtir que mes sujets, ne m'empêcheraient point, à la vérité, de vivre parfaitement joyeux. On m'appelle le Fils du Ciel, mes ancêtres étaient tous Fils du Ciel; mais, dans l'intimité, pour mes douze cents femmes et mes enfants, mon nom est Gaspard. Malheureusement, le Fils du Ciel ne connaît point son Père Céleste. Je suis le Pontife unique d'un dieu incertain, sorti du cerveau d'un grand philosophe, mort il y a plusieurs centaines d'années. Mes temples, dé-

pourvus de prêtres et d'adorateurs, sont toujours vides. Mes peuples se contentent sottement de divinités aussi hideuses que ridicules, en présence desquelles je suis forcé, par bonne politique, de faire la révérence. Figurez-vous, auguste frère, des scorpions gros comme des bœufs, des chevaux à tête de serpent, des dragons hérissés de plumes, des crapauds dont la gueule engloutirait sans peine le plus lourd de vos éléphants! Un grand dieu chimérique et une foule de monstres en plâtre et en toiles peintes ne sont point les ressorts d'une sérieuse police. A la rigueur, avec mon armée, mes espions et mes bourreaux, je m'assurerais de la paix publique. Si une province se révolte ou refuse l'impôt, je déchaîne sur elle cent mille soldats affamés des biens d'ici-bas. J'ai des supplices fort élégants et raisonnablement atroces. Le grand garçon que j'ai placé tout à l'heure à l'entrée de notre tente est le

ministre de ma justice : d'un coup de rasoir, il fait voler à vingt pas la tête d'un homme qui marche. Mais la fortune méchante me cause parfois de trop cruels embarras. De temps en temps, des armées de sauvages, venus je ne sais d'où, peut-être tombés de la lune, se jettent sur mes plus riches domaines et pillent et massacrent tout. Quand mes généraux paraissent, ils ne trouvent plus personne, ou, s'ils atteignent l'ennemi, ils sont régulièrement battus d'une façon honteuse. Alors le peuple, dont l'esprit est naturellement faux, s'en prend à mon dieu et le charge de toutes ses souffrances, et, comme ce dieu n'appartient qu'à moi seul, c'est à moi seul qu'il demande compte du sang versé, des villes et des moissons brûlées, des enfants outragés.

Chaque nuit, le cauchemar d'une révolu-
tion visite ma couche. Je rêve que ma tête
sacrée et mes membres inviolables sont
promenés en petits morceaux dans les
cités les plus lointaines du royaume.
Simple laboureur avec une charrue de bois,
humble marinier avec une vieille barque,
je serais plus heureux. J'ai consulté mes
astrologues et mes magi-
ciens ; longtemps leurs ré-
ponses m'ont déplu et plusieurs, pour cela, furent
étranglés. L'un d'eux, un

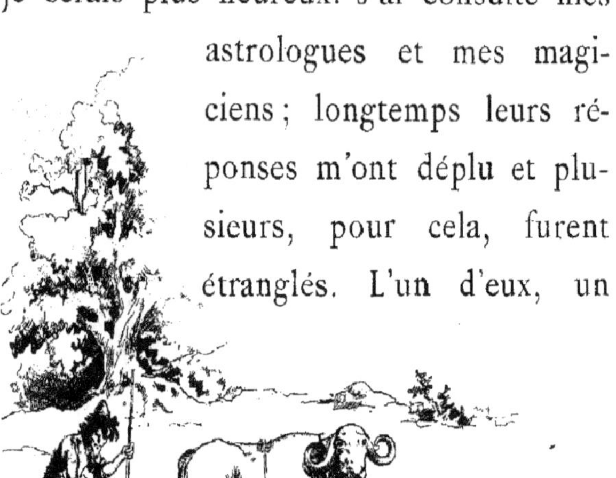

devin, aveugle et centenaire, me dit enfin :

« Roi Gaspard, Empereur du monde,
« monte sur ton cheval de guerre et
« dirige-toi à la fois vers le midi et le cou-
« chant : une étoile inconnue jusqu'à pré-
« sent y paraîtra bientôt : oriente-toi sur
« l'étoile, sans jamais te décourager; une
« nuit, elle demeurera immobile, et d'un
« triple rayon elle éclairera le berceau d'un
« dieu. Si ce dieu accepte ta foi, tu seras
« sauvé et bien heureux! »

« J'ai franchi l'Asie, l'œil fixé chaque
nuit sur l'étoile. Elle m'a guidé à travers
le brouillard et les tempêtes de neige. Mais
je chevauche depuis près de deux années
sur le même air de musique; je me sens
bien fatigué et je voudrais demain décou-
vrir le dieu! »

A son tour, le jeune roi à la face

blanche, après s'être soulevé péniblement sur les fleurs d'or des coussins, prit la parole :

« Mon frère, je suis encore plus à plaindre que vous, moi, Melchior, Empereur de l'Inde, le maître d'un royaume où éclatent toutes les splendeurs de la terre, où les pierres précieuses pullulent sur le sol comme les fleurs des prairies. Mais moi-même et les rois mes serviteurs et la multitude inouïe de mes peuples, nous sommes les esclaves de dix mille dieux, partout présents, qui jamais ne sommeillent, jamais ne sourient. Des prêtres sans nombre, d'un orgueil implacable, les plus savants,

les plus riches de l'empire, des prêtres
sans pitié qui jamais n'ont caressé une
douleur humaine,
haïssent les guer-
riers et méprisent
le pauvre, accom-
plissent les rites af-
freux de ces dieux.
Il n'est pas une
vallée, pas une
forêt, pas une mon-
tagne où ne s'élève
un temple éblouis-
sant dont les cou-
poles et les tours semblent
défier le ciel. Là, jour et nuit,
les prêtres prient pour eux seuls. D'énormes
reptiles s'enroulent autour des idoles
farouches et gardent des trésors dont une

pièce d'or n'est jamais tombée dans la main d'un orphelin. Parfois, sur un bûcher aussi haut que le temple, afin d'honorer la statue aux cent bouches dévorantes, ils brûlent des jeunes femmes plus gracieuses que l'aurore. Ces dieux n'aiment que la mort, ne donnent que la mort. Chaque printemps, des rives de leur fleuve sacré, ils évoquent la peste et lui jettent en pâture une moitié de mon empire et alors, dans les cités magnifiques les vivants n'ont plus le courage d'ensevelir les morts. Un prophète, un saint a tenté, il y a bien longtemps déjà, d'arracher les âmes à ces dieux de terreur ; mais il n'a su

trouver d'autre salut que le renoncement
à la vie, le sommeil profond de l'esprit, un
sommeil vide de songes, sans amour ni

espérance, et la retraite du corps,
immobile et rigide, au sommet d'une
colonne ou dans le creux d'un rocher. J'ai
voulu échapper à ces deux religions sépul-
crales. Un sage venu de très loin, des

contrées de l'Occident, me dit un soir :
« Un dieu de bonté naîtra bientôt sur

« les confins de l'Asie. Mets-toi en route
« le long de la mer de Perse : une étoile
« ignorée de tes prêtres te précédera :

« elle fera couler ses rayons d'or sur le
« tabernacle du dieu et si celui-ci te bénit,
« tes peuples seront consolés ! »

Melchior et Gaspard s'endormirent fra-
ternellement côte à côte près du brasero
parfumé. Les deux troupes allumèrent des
feux au bord du lac funèbre. Aux approches
du jour, l'étoile miraculeuse pâlit ; elle
s'éteignit au lever du soleil.

Les deux rois reprenaient chaque jour
leur voyage au crépuscule. Jusqu'au soir,
couchés sur le seuil de la
tente, ils promenèrent silen-
cieusement leurs regards
des montagnes aux teintes

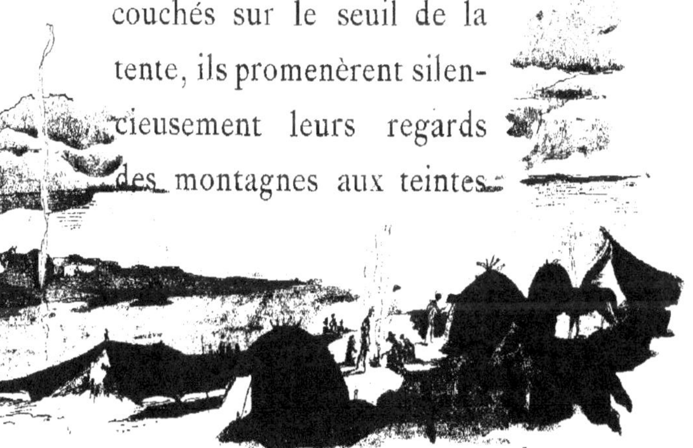

fauves à la mer grise où le vent passait sans y tracer une seule ride. Melchior écoutait la musique plaintive des cithares ; Gaspard se fit chanter la sombre chronique de son grand-père, glorieux Fils du Ciel, à qui les Tartares sacrilèges avaient arraché les yeux et coupé la langue.

Puis on replia les tentes, et les deux cortèges, mêlés l'un à l'autre, s'ébranlèrent autour des deux rois. Déjà l'étoile étincelait dans l'azur doré du ciel occidental. A ce moment, du haut de sa tour, le roi blanc aperçut de loin un nouveau venu qui accourait seul du Midi et le signala au roi jaune. C'était un nègre, accroupi sur un chameau, les jambes nues, le corps à peine couvert de quelques lambeaux de fourrures, un maigre turban, de couleur douteuse, posé de travers sur le front, un

roseau à la main. Le chameau, tout ravagé
de misère, épuisé de fatigue et de jeûne,
les genoux saignants, allongeait en chan-
celant ses longues jambes velues parmi les
rocailles et les ronces du chemin.

« Quelque esclave fugitif, dit Gaspard,
mais son coursier ne le portera pas loin.
Vous plairait-il, mon frère, d'éprouver, à
son propos, la légèreté de geste de mon
bourreau? »

Melchior contempla le Fils du Ciel avec
une stupeur dédaigneuse.

« Non, dit-il, je prends
cet innocent sous ma
protection. S'il est du
pays, il
pourra
nous gui-
der à tra-

vers les ravins et les marécages. »

Le nègre poussait alors un cri aigu, un cri de joie; il pressait une main contre son cœur, et de l'autre, levant son turban, il saluait l'étoile rayonnante.

Puis il attendit, avec des signes de plaisir enfantin, le passage des maîtres de l'Asie.

Melchior l'encouragea à s'approcher, et le chameau en ruines mena pompeusement son cavalier entre l'éléphant impérial et le cheval de guerre à l'armure d'acier.

« Qui es-tu? D'où viens-tu? Où vas-tu? dit le roi à la figure blanche.

— Je suis Balthazar, l'Empereur des hommes noirs, le prince de l'Afrique. Je viens d'un monde de désolation. Je vais où m'appelle l'étoile. J'apporte à l'Enfant divin qui repose dans la lumière de l'étoile le soupir de douleur de la race noire.

— Nous irons tous trois ensemble, mon frère, dit Melchior, et ce sera véritablement alors le pèlerinage du genre humain. »

On mit le feu aux torches. Et, par les solitudes mornes et les sentiers des montagnes, le cortège reprit sa marche dans la direction de Jérusalem.

Jusqu'au jour, Balthazar conta, au son des fifres et des tambourins, les malheurs

de son peuple, les déserts sans fin, stériles,
où l'on ne trouve point une goutte d'eau;
l'ouragan enflammé; le voyageur
étouffé dans une colonne de
sable brûlant; les marais au bord
desquels l'on respire la mort; les
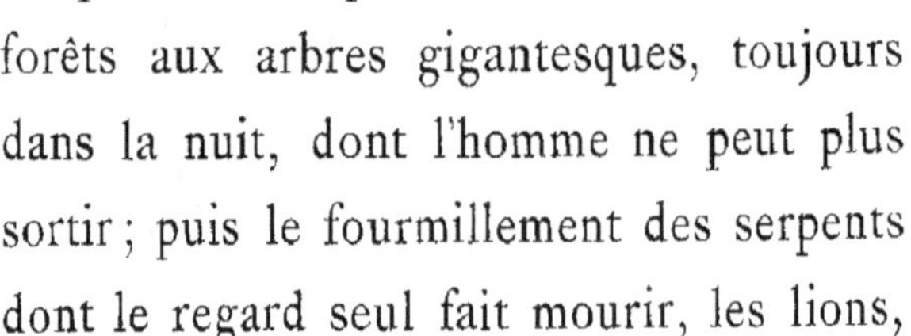
forêts aux arbres gigantesques, toujours
dans la nuit, dont l'homme ne peut plus
sortir; puis le fourmillement des serpents
dont le regard seul fait mourir, les lions,

les hyènes, les panthères;
le long de la mer, les
requins; dans les rivières
et les lacs, les crocodiles;
puis, les famines, les mœurs
féroces, les peuplades qui
mangent l'homme, les exter-
minations, les villages
anéantis par le fer et le

feu, et les pirates, chasseurs d'esclaves, qui, sur toutes les côtes, jettent leurs filets aux enfants et aux jeunes filles.

« Et tout cela n'est rien encore, disait le pauvre roi Balthazar. Nous avons l'habitude de la faim, de la soif, des bêtes méchantes et des massacres. Mais nous voudrions tant comprendre quelque chose à toutes ces souffrances, et nous ne pouvons pas. Là-bas, dans le monde noir, le vieillard n'en sait pas plus long que l'enfant tout petit. Toute notre vie se passe au fond d'un trou très sombre. Nos dieux ne nous donnent aucune lumière. Ce sont de petits dieux très faibles, qui ont peur et se cachent sous la pierre du foyer, souvent des lézards, des grillons ou des couleuvres ; nous sommes trop ignorants pour en trouver de meilleurs. J'ai fait venir les plus

habiles sorciers. Ils charment les serpents,
mais n'endorment pas les cœurs malheureux
en leur soufflant l'espérance. Cependant
l'un d'eux me dit un jour :
« Roi de l'Afrique,

« marche vers l'Asie. Quand tu seras
« parvenu au rivage d'une mer bleue
« comme le ciel, une étoile t'apparaîtra du
« côté du Nord. Poursuis ta route en
« allant toujours vers elle. Une nuit,
« elle s'arrêtera sur le toit d'un dieu
« nouveau-né. Tu adoreras ce petit et

« les plaies de ta race seront guéries. »

Melchior, Gaspard et Balthazar se reposèrent tout un jour encore sur la terre de Palestine. Au crépuscule suivant, l'étoile brilla d'un éclat si beau, qu'ils sentirent très proche le terme de leur voyage. Ils gravirent des collines arides : à leurs

pieds se creusait une vallée; des feux étaient allumés de toutes parts, à la lueur desquels on reconnaissait des troupeaux et des bergers avec leurs chiens. Au milieu de la vallée, près d'un bourg, une vaste masure appuyée à une grotte de rochers était comme illuminée par trois rayons d'or qui tombaient de l'étoile mystérieuse.

Gaspard fit taire sa musique barbare. Melchior imposa silence aux oraisons de ses ascètes. On n'entendait plus que les cithares qui rendaient une mélodie mourante, mêlée de soupirs et de sanglots. Les troupeaux regardaient sans effroi le défilé des éléphants. Les chiens vinrent flatter les esclaves et les hommes d'armes. Quelques bergers chantaient d'une voix si douce

que Balthazar se mit à pleurer et à rire tout à la fois.

A minuit, les trois Rois descendirent de leurs montures. Suivis des esclaves portant les présents précieux,

ils frappèrent à la porte. Melchior tenait un encensoir d'or où fumait l'encens, Gaspard une cassolette d'or où fumait la myrrhe, Balthazar n'avait entre les mains que son roseau.

La porte s'ouvrit. C'était une étable nue

et froide, où entrait le vent d'hiver. Sur la paille d'une crèche, un enfant dormait. Un bœuf était à la droite, un âne à la gauche de la crèche, et leur souffle réchauffait l'enfant. Une jeune femme vêtue de blanc se tenait assise à la tête de l'humble berceau. Mais les trois Mages avaient reconnu le Dieu et les trois races humaines se prosternaient, le front dans la poussière, devant Jésus.

Les vapeurs bleues de l'encens et de la myrrhe montèrent jusqu'au toit. Entre les poutres mal jointes, on voyait le ciel et l'étoile et des battements de grandes ailes blanches, et l'on entendait des chuchotements angéliques.

Gaspard, le premier, offrit ses présents, un monceau d'armes tout incrustées de diamants.

« Seigneur, dit-il, me voici incliné devant ta faiblesse, moi qui suis au comble de la grandeur humaine : je t'ai cherché afin d'obtenir ton alliance dans la guerre et après la guerre. Fais que ces armes se tournent contre quiconque élèverait son bras afin d'abaisser ma puissance. »

L'Enfant dormait toujours. Et, dans les hauteurs, les voix célestes répondirent :

« Je suis le Dieu des pacifiques et ne veux d'autres armes que la douceur et la miséricorde. Les tiennes sont bonnes seulement pour les rois qui, durant les siècles à venir, égorgeront mes peuples comme des chevreaux sans défense! »

Melchior joignit les mains; tandis que ses esclaves déroulaient devant la crèche

des étoffes d'or et de soie et jetaient sur la
paille de l'étable des poignées de pierres
précieuses :

« Seigneur, dit-il, j'ai longtemps écouté
la parole des sages, et leur sagesse ne m'a
paru que vanité. J'ai vénéré les saints, et
leur sainteté n'était que mensonge. J'ai
cherché un Dieu de vie à tâtons dans la
nuit et n'ai rencontré que le deuil et la
mort. Prends, Seigneur, toutes mes riches-
ses, tous mes trésors et fais que la joie
fleurisse sur les nécropoles de mon empire. »

L'Enfant dormait toujours. Et les anges
répondaient :

« Je suis le Dieu des pauvres. Je ne
veux d'autres trésors que la pureté. Laisse
là ces présents : ils sont pour mes Pontifes
et mes prêtres qui, oublieux de mon dé-

nuement, se vêtiront de soie et marche-
ront tout constellés d'émeraudes et d'amé-
thystes! »

Balthazar s'agenouilla à son tour. Il
prit entre ses mains les pieds de l'Enfant,
les baisa en pleurant.

« Petit Dieu, plus blanc et plus doux
que la lumière, je n'ai rien à t'offrir,
rien que mon cœur et mes larmes. Aie
pitié de moi, Seigneur, aie pitié de mes
frères, et pour notre grande tristesse,
donne-nous ton amour! »

Alors Jésus s'éveilla et se
mit à sourire. Il ouvrit ses
petits bras et fit tom-
ber sur la misère
humaine une
bénédiction
enfantine.

Et, sur le toit de l'étable, dans le rayonne-
ment de l'étoile, les anges aux ailes blanches chantaient :

« Gloire à Dieu au plus haut des cieux,
et paix sur la terre aux hommes de bonne
volonté ! »

ACHEVÉ D'IMPRIMER

LE TRENTE SEPTEMBRE 1919

PAR

PHILIPPE RENOUARD

19, RUE DES SAINTS-PÈRES, 19

PARIS

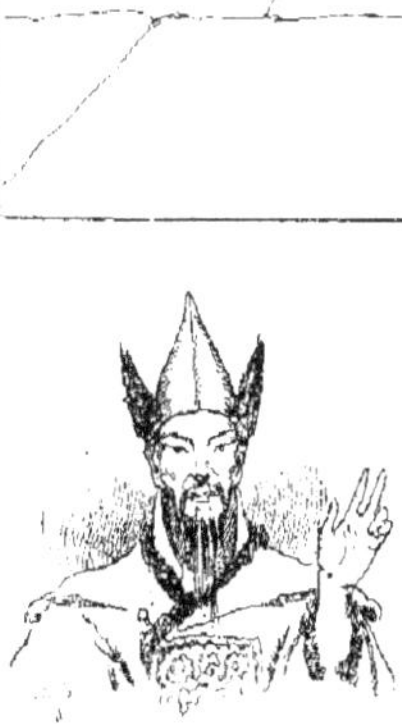

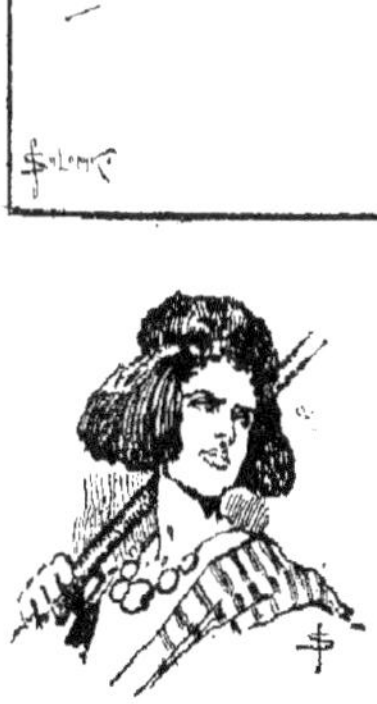

9 782329 768656